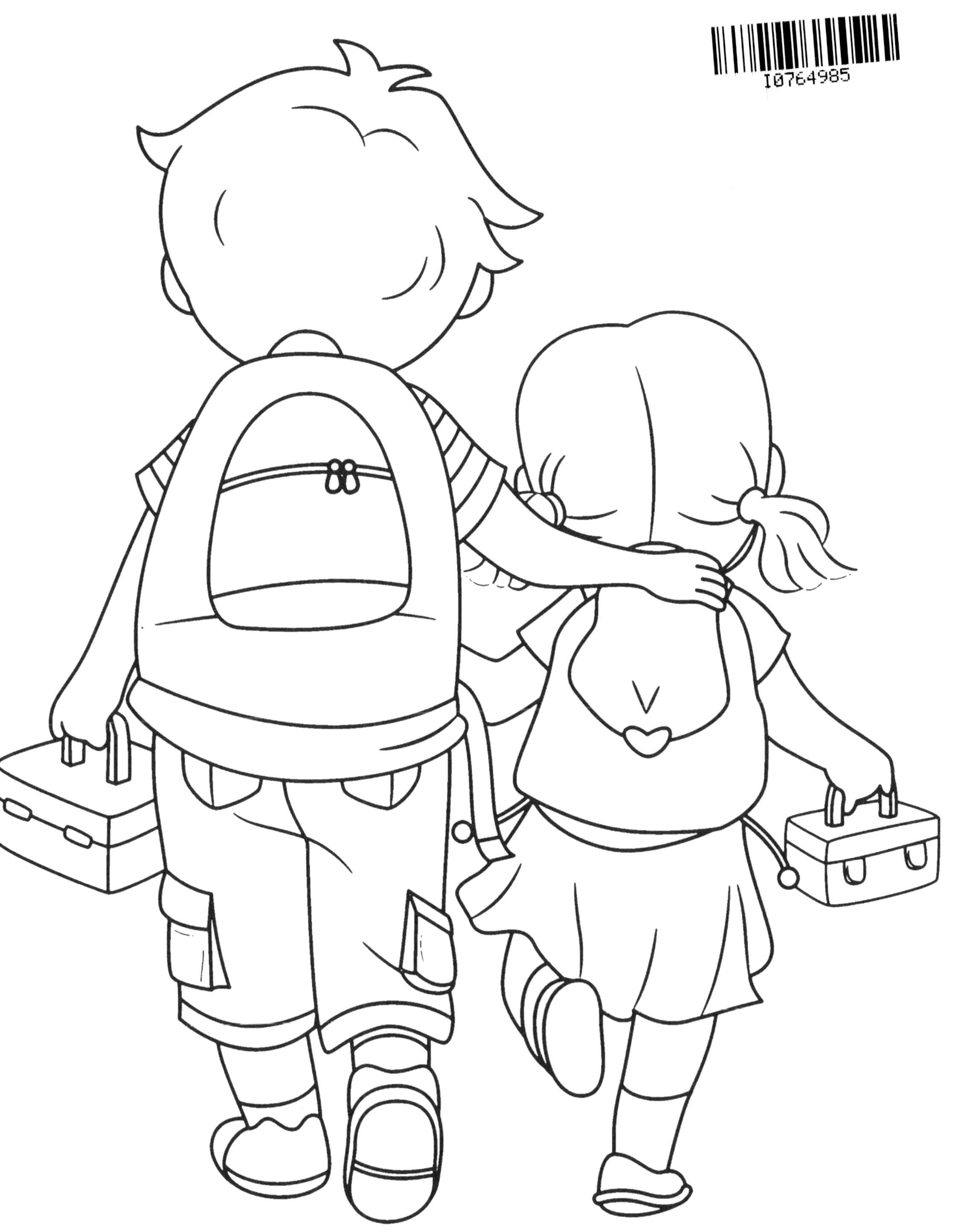

I0764985

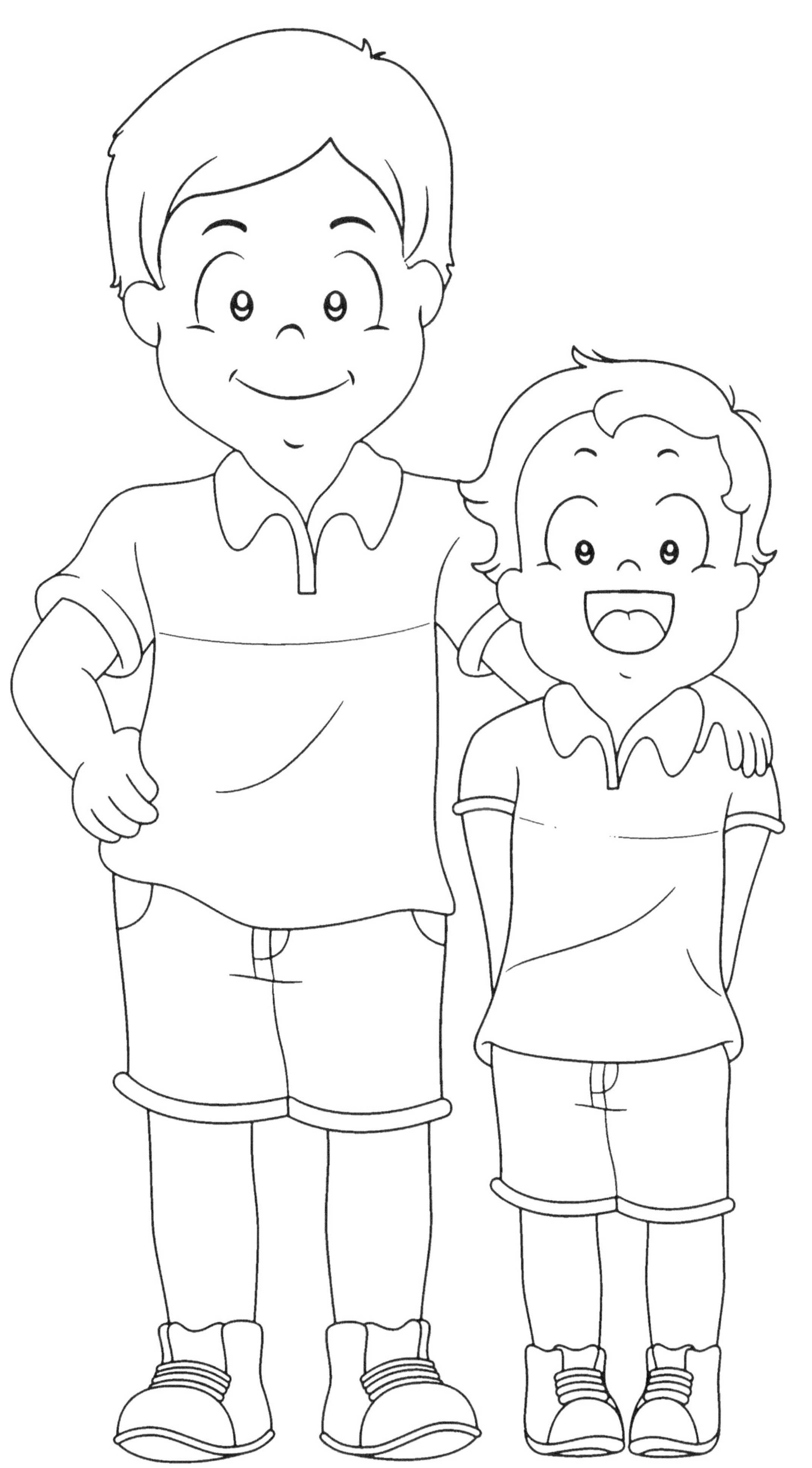

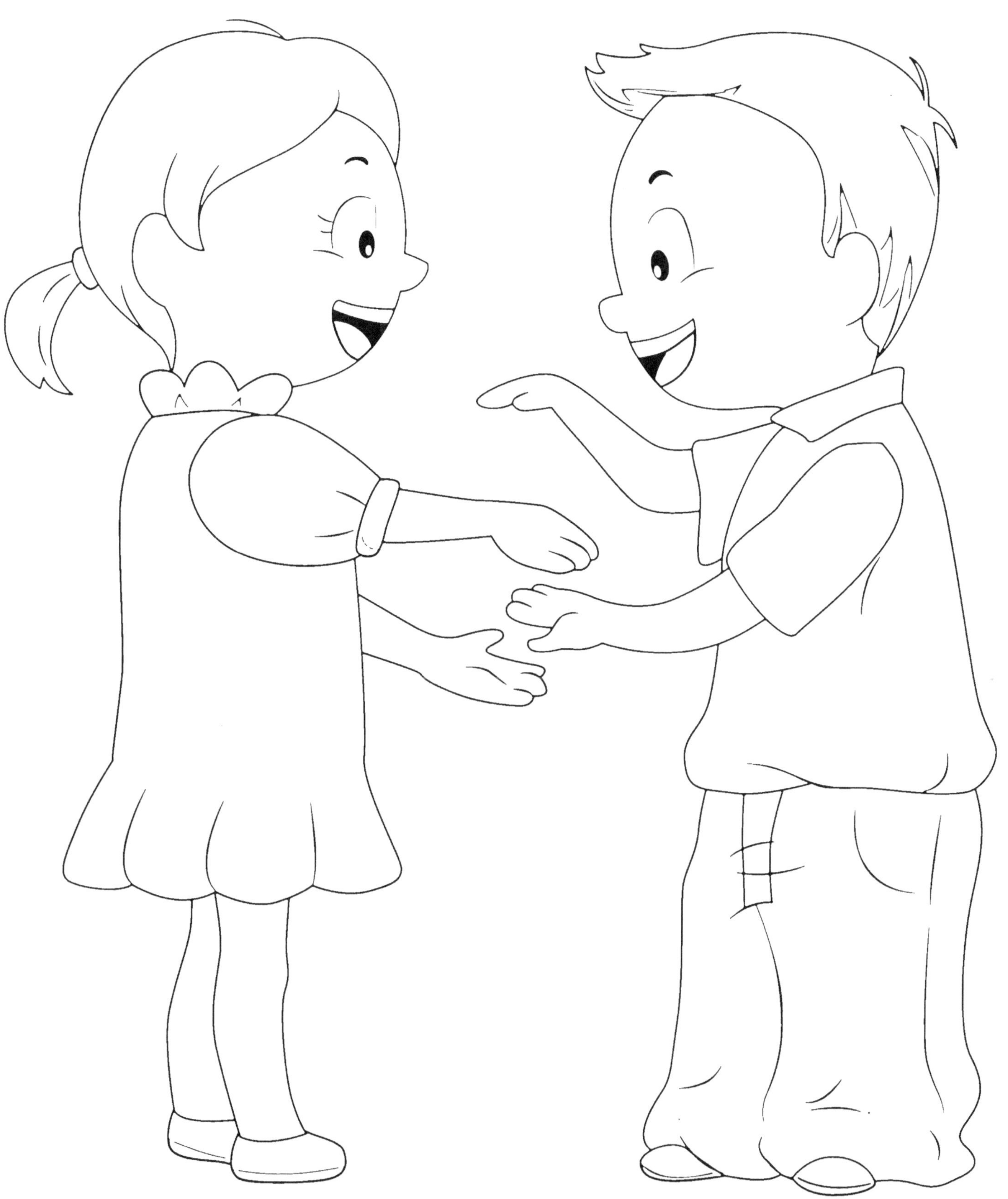

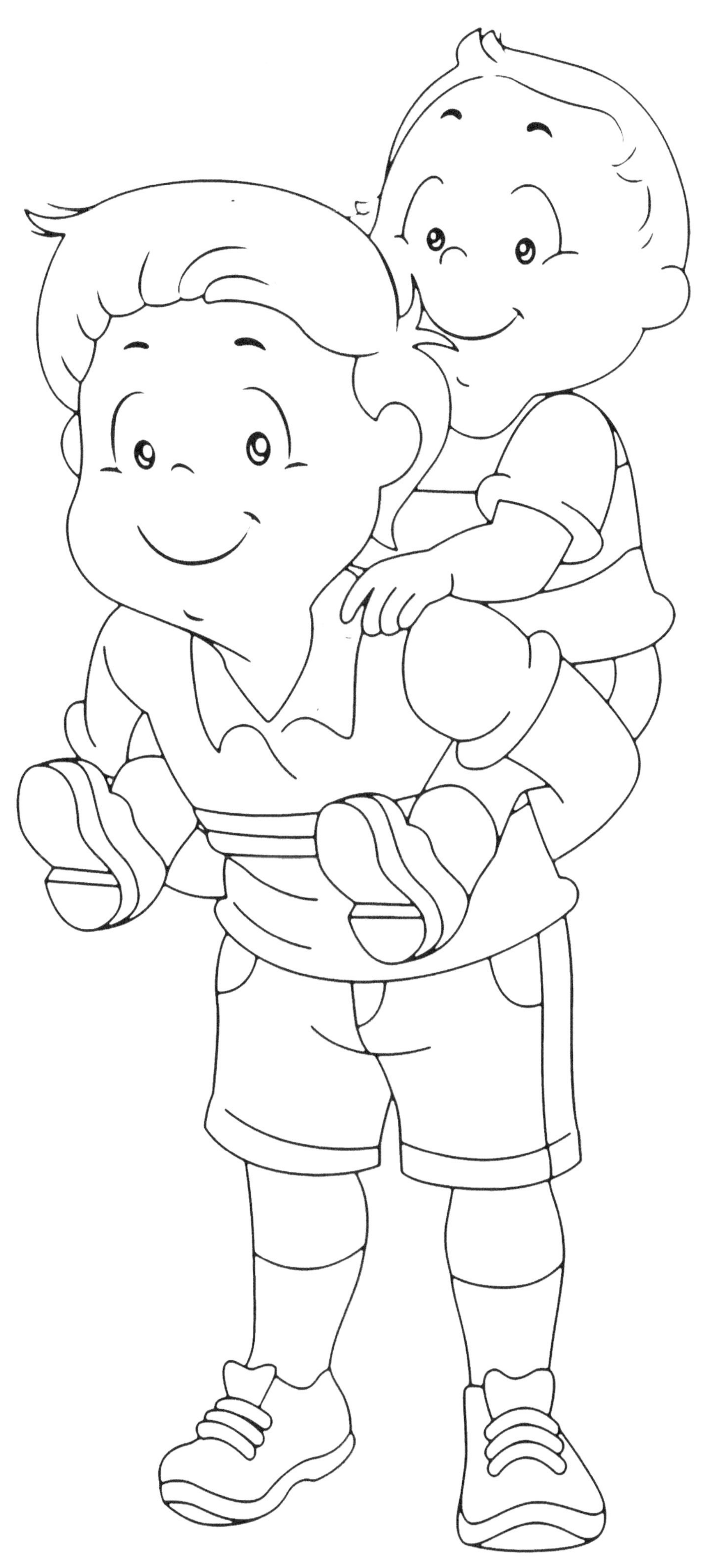

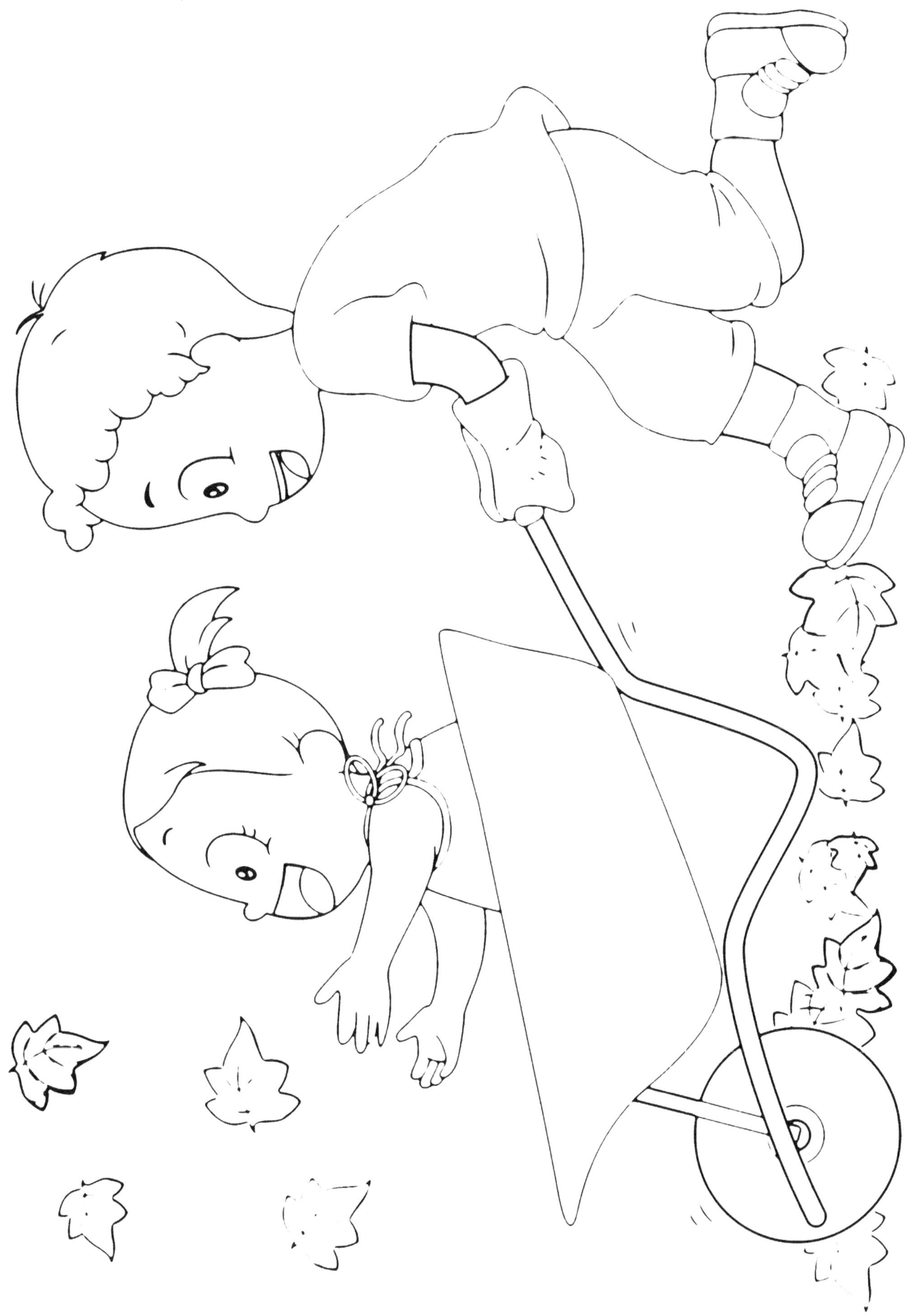

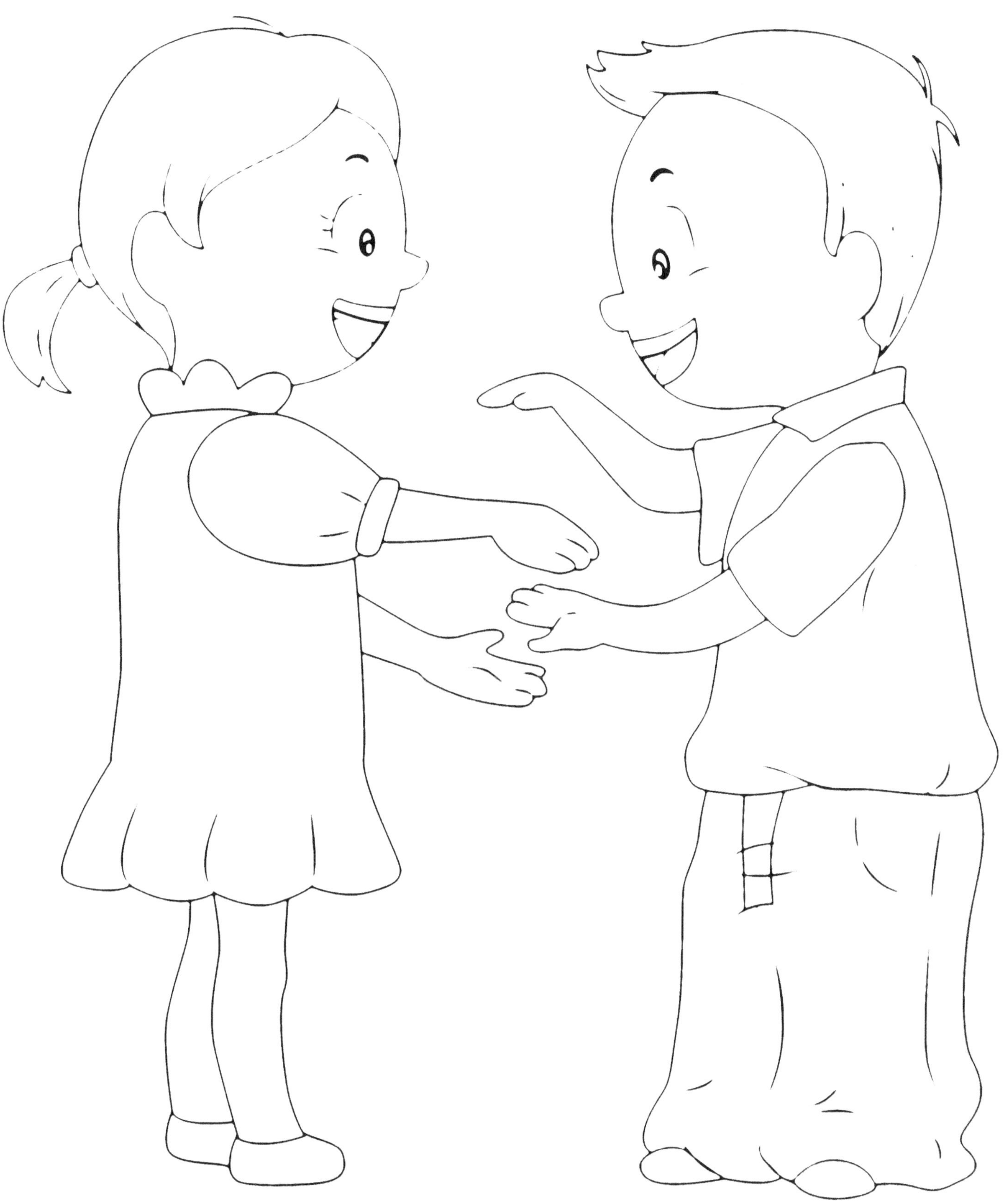

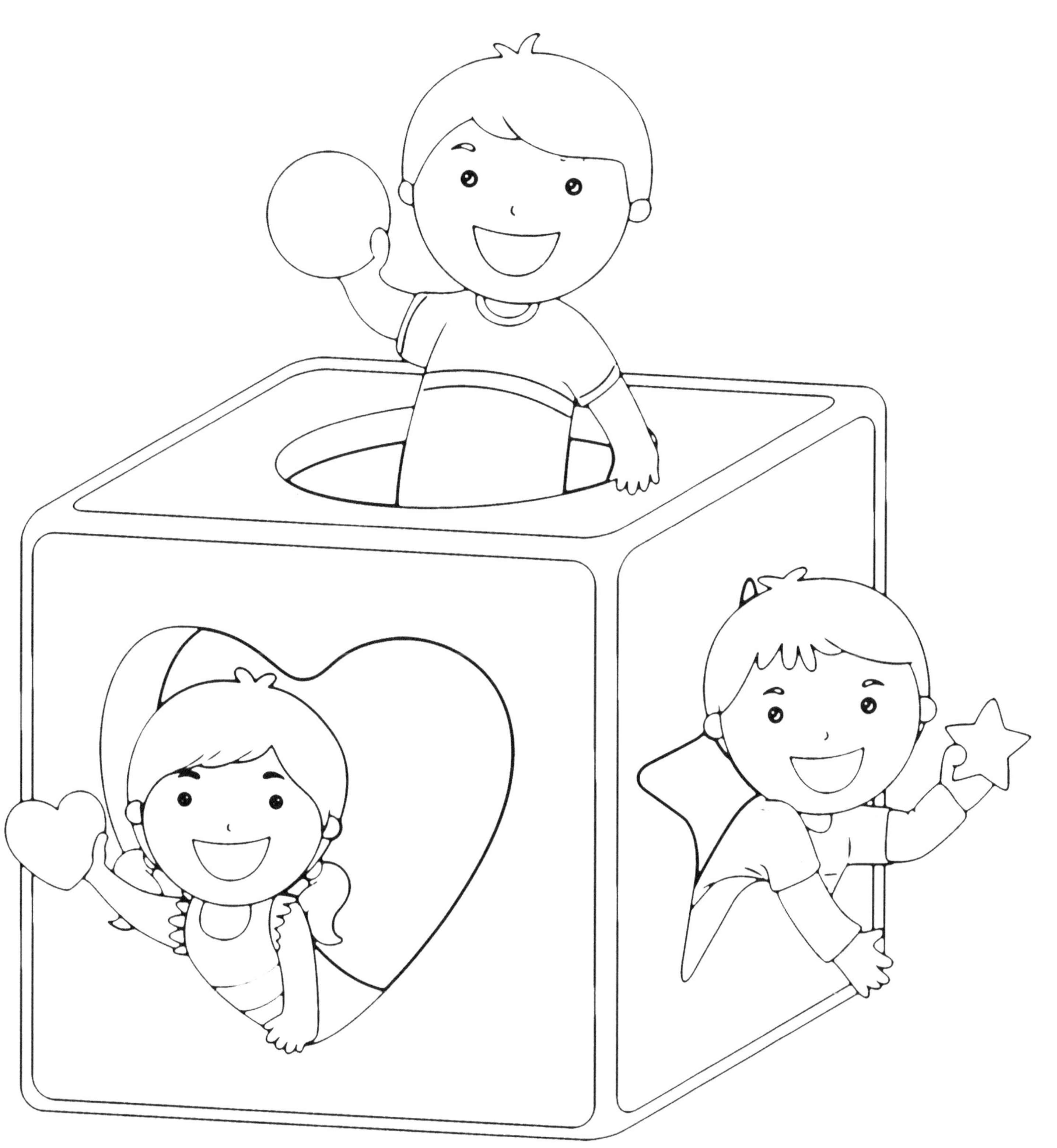

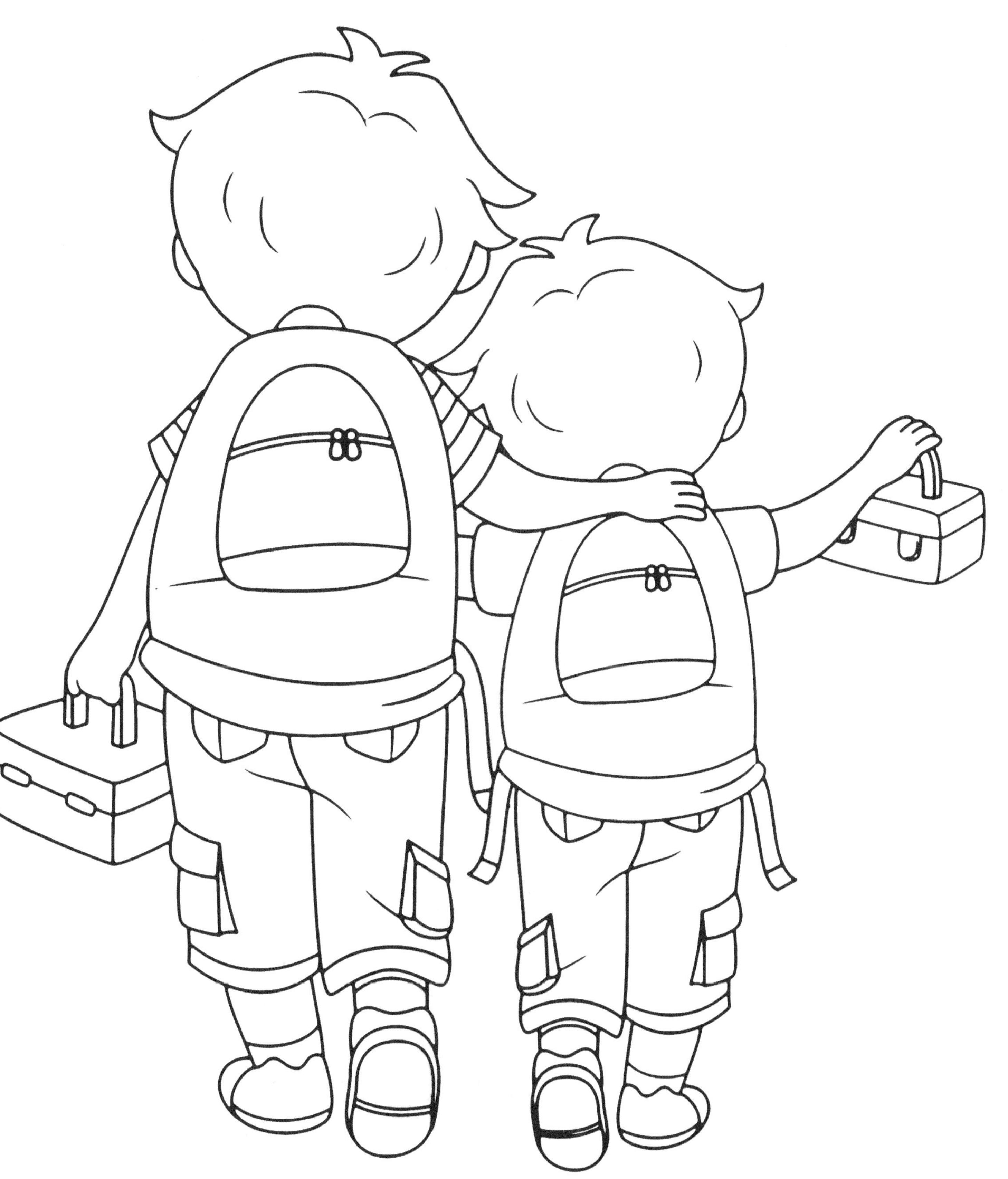

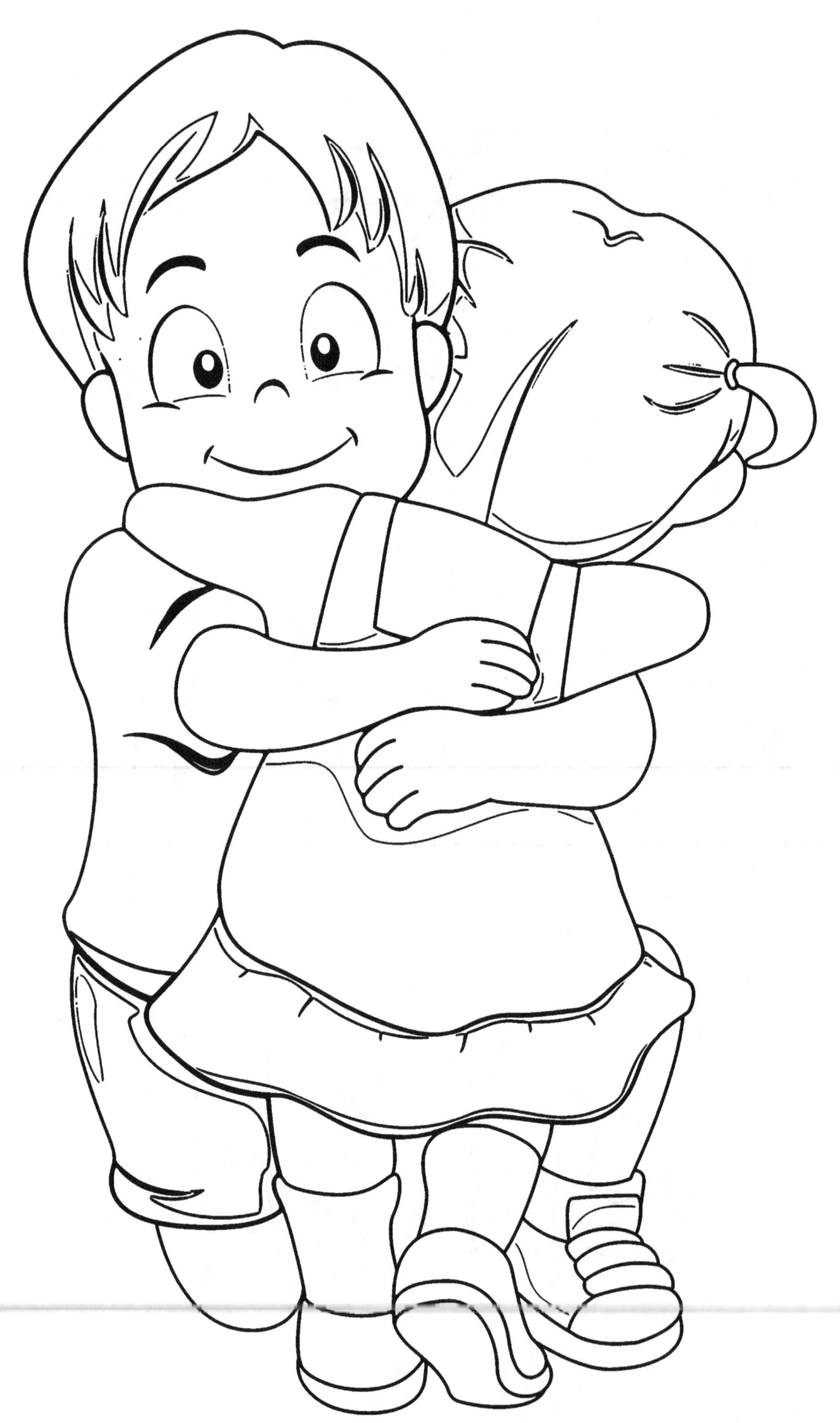

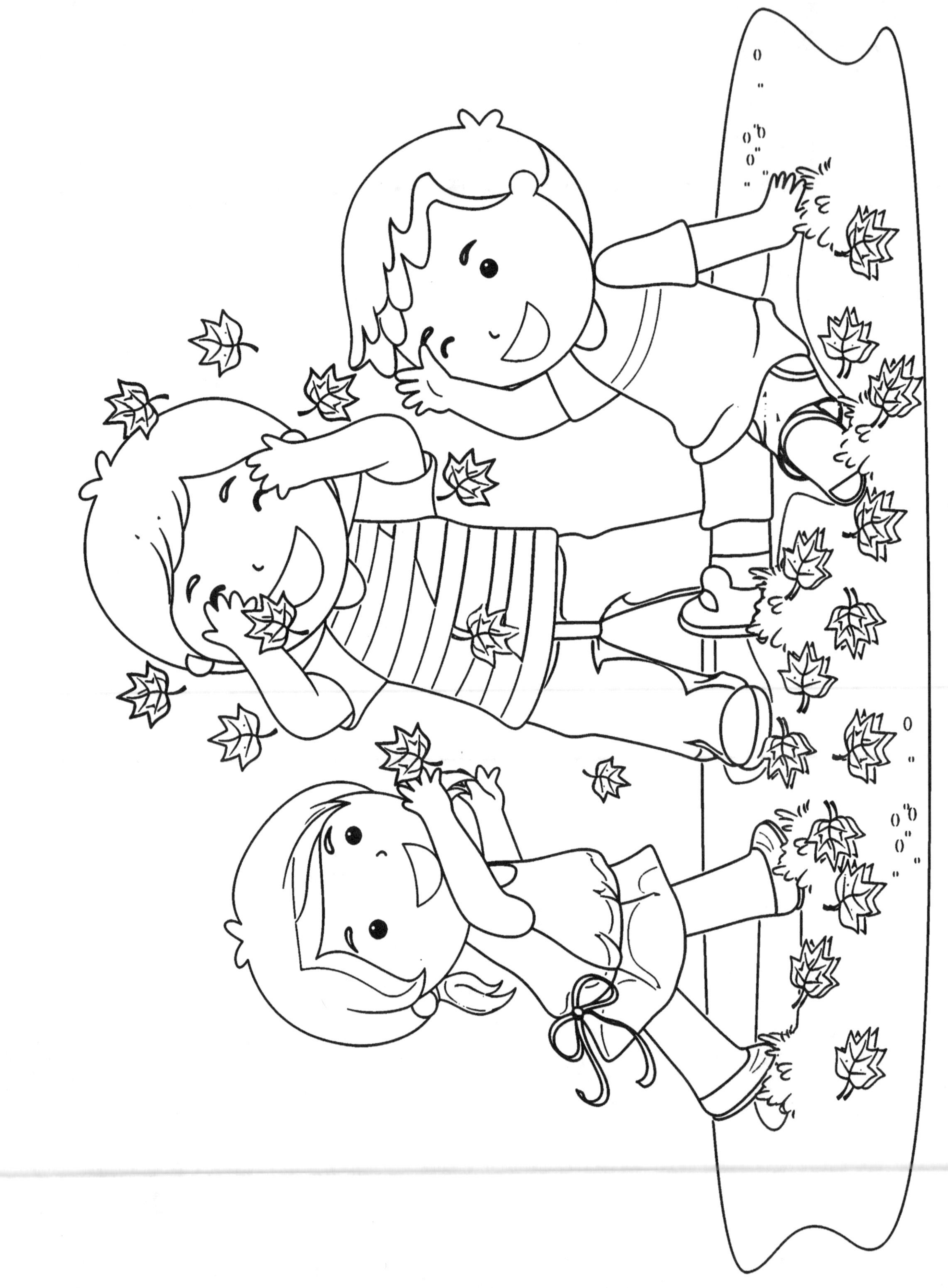

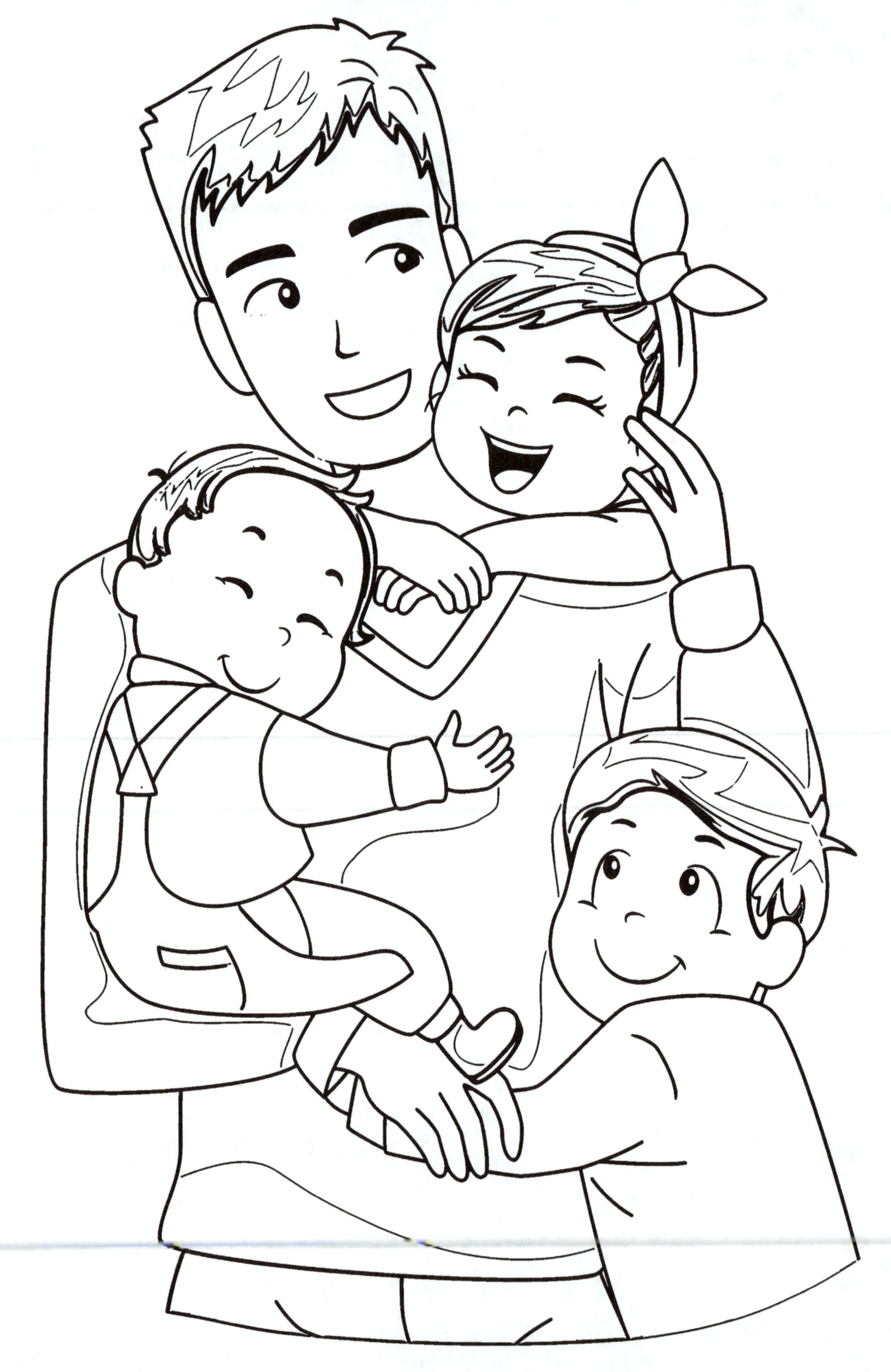

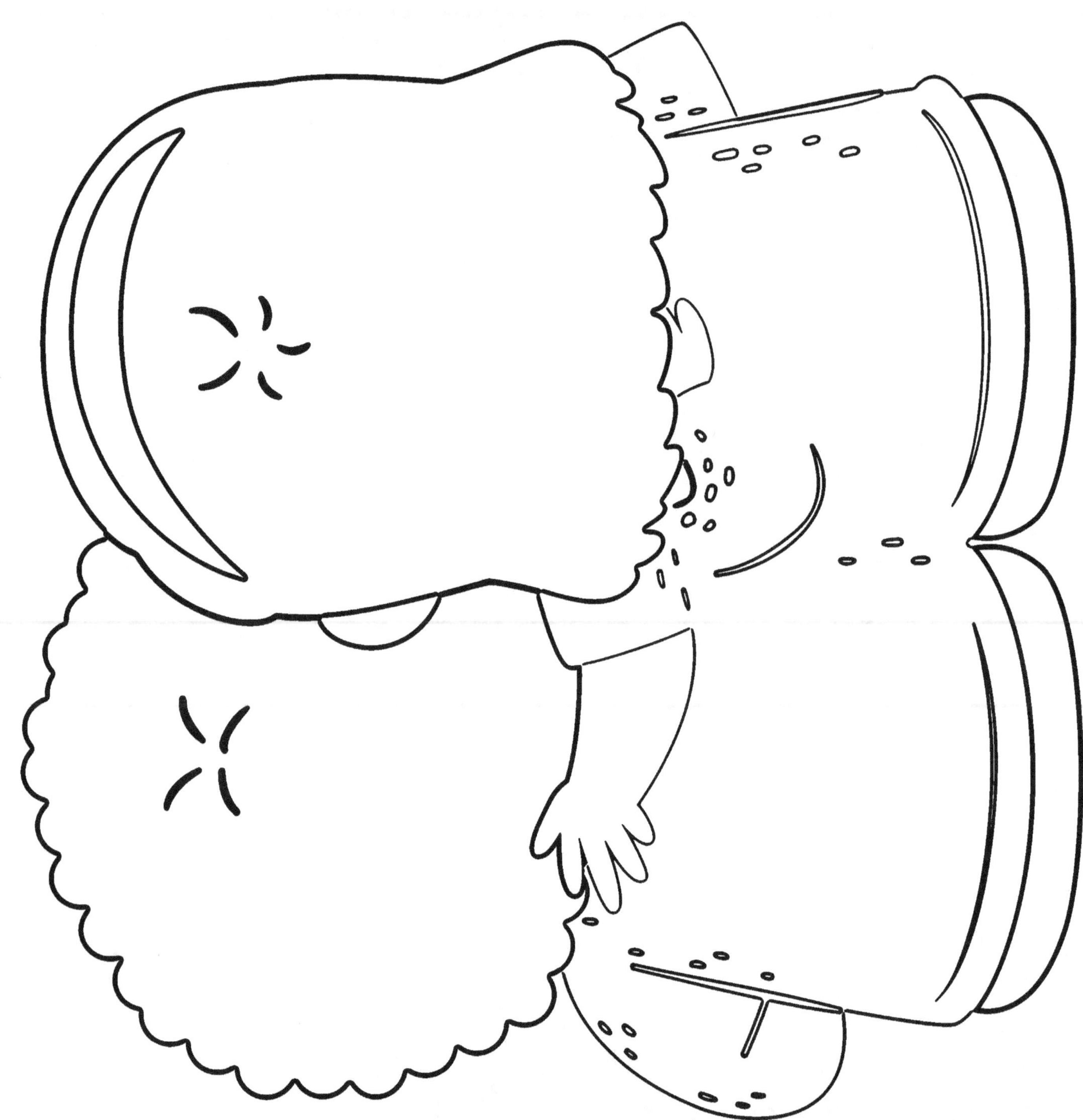

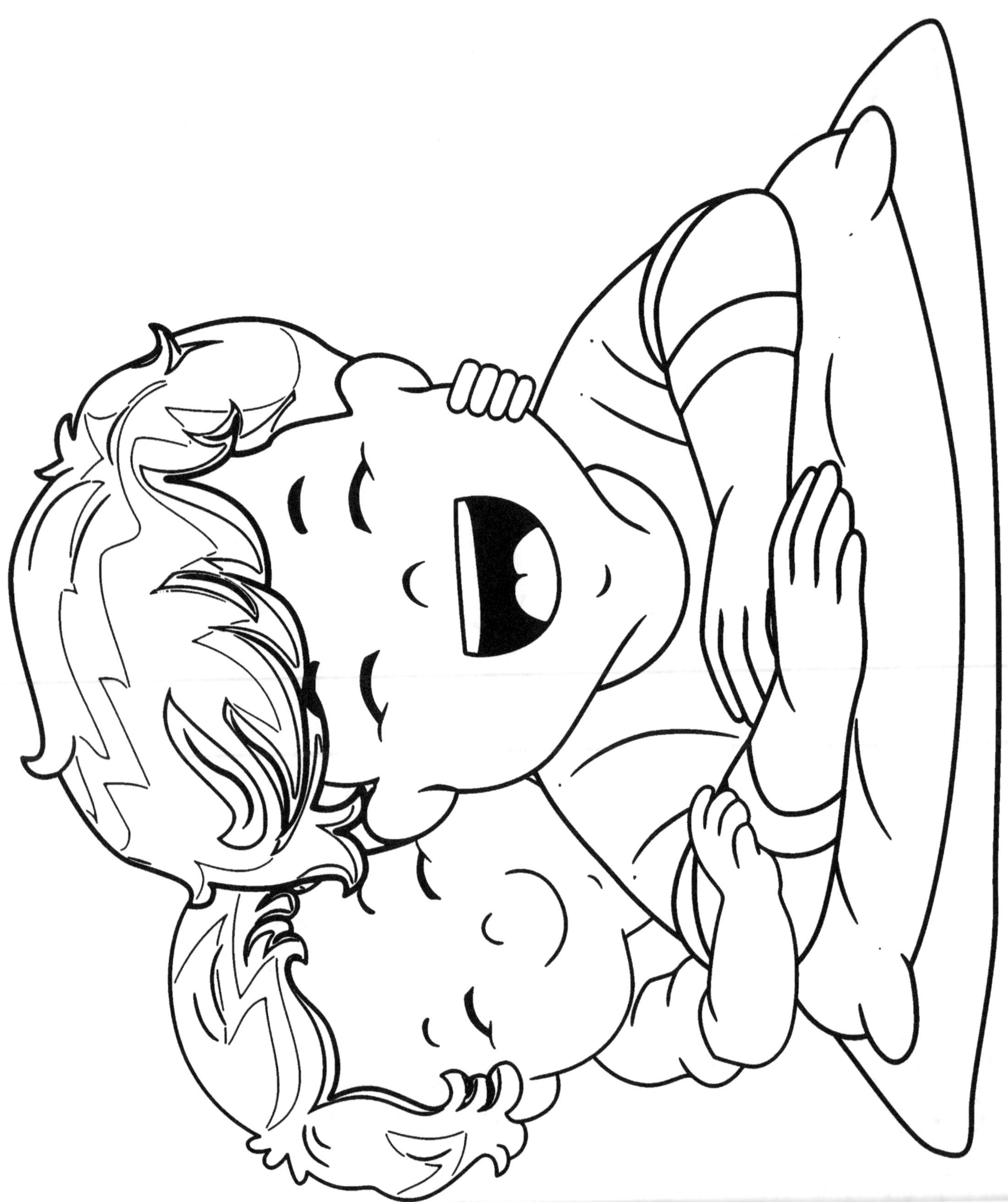

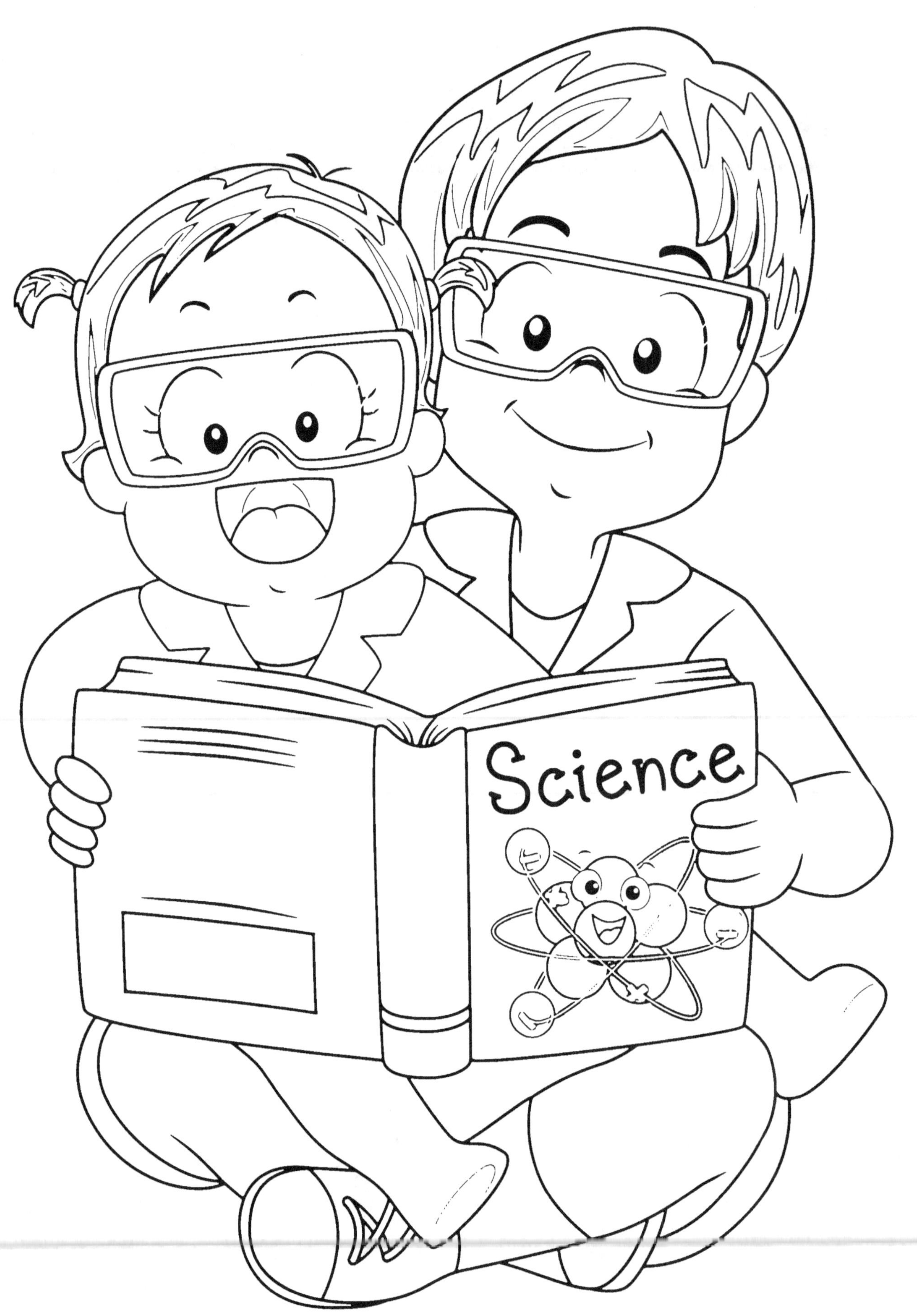
Science

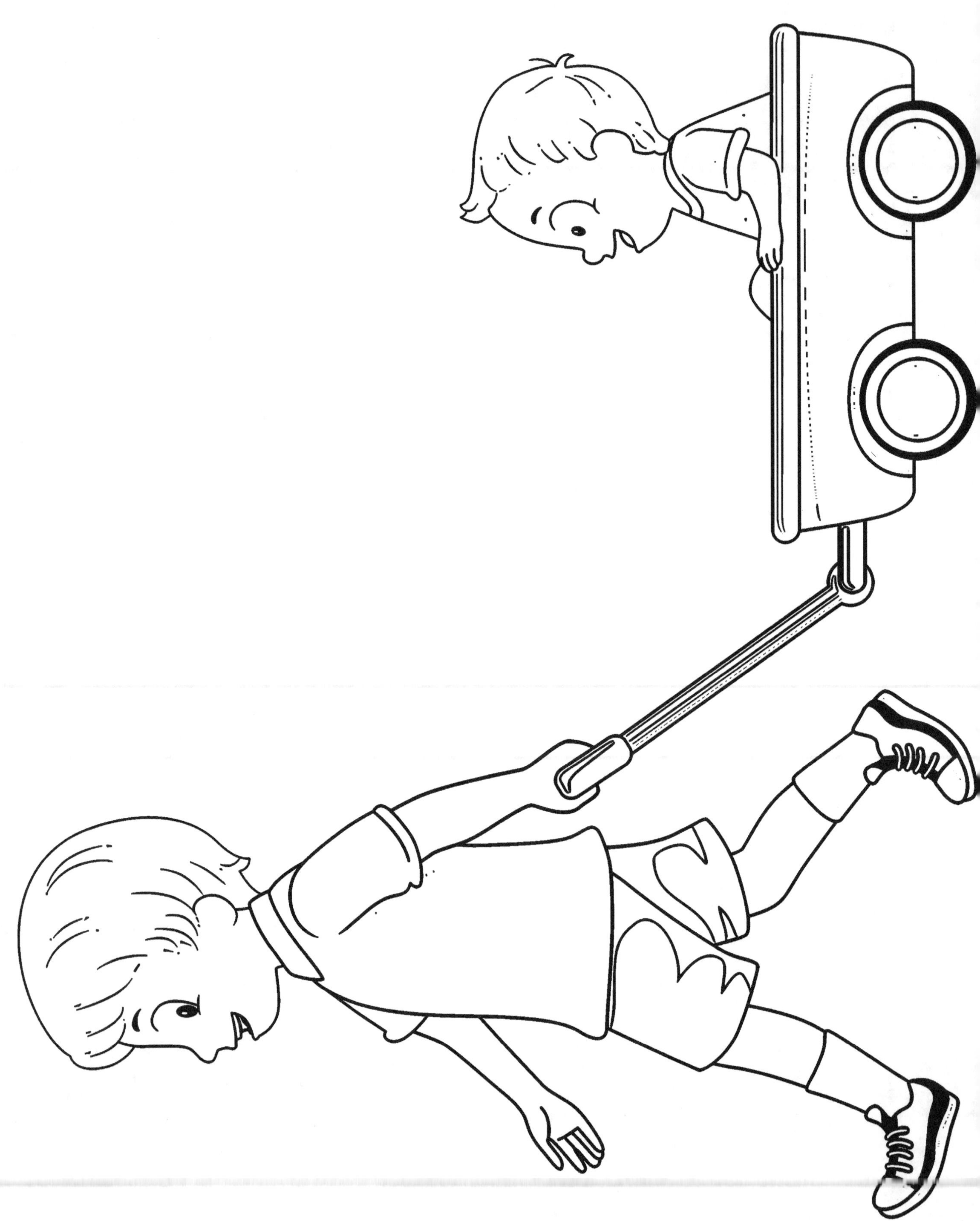

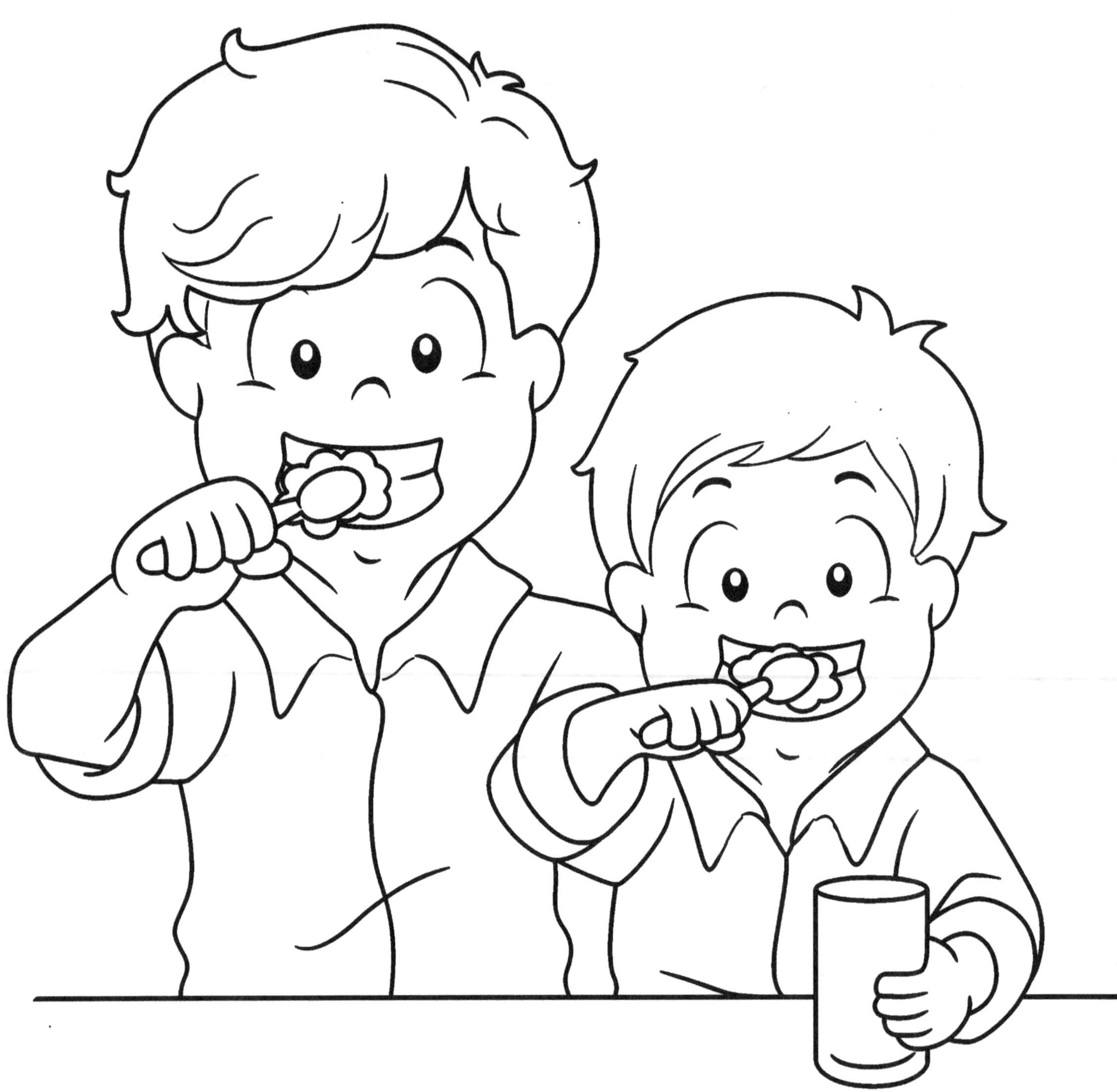

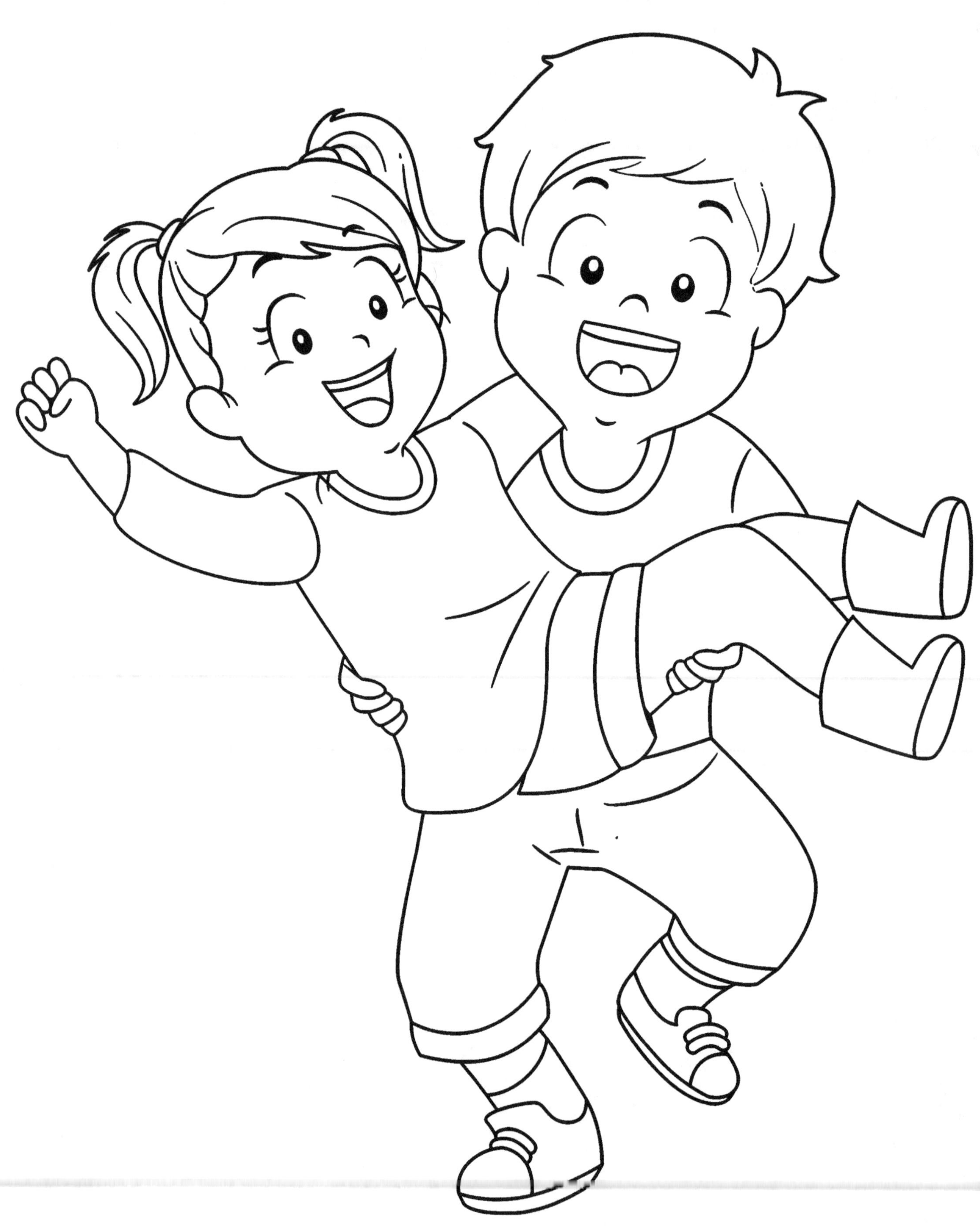

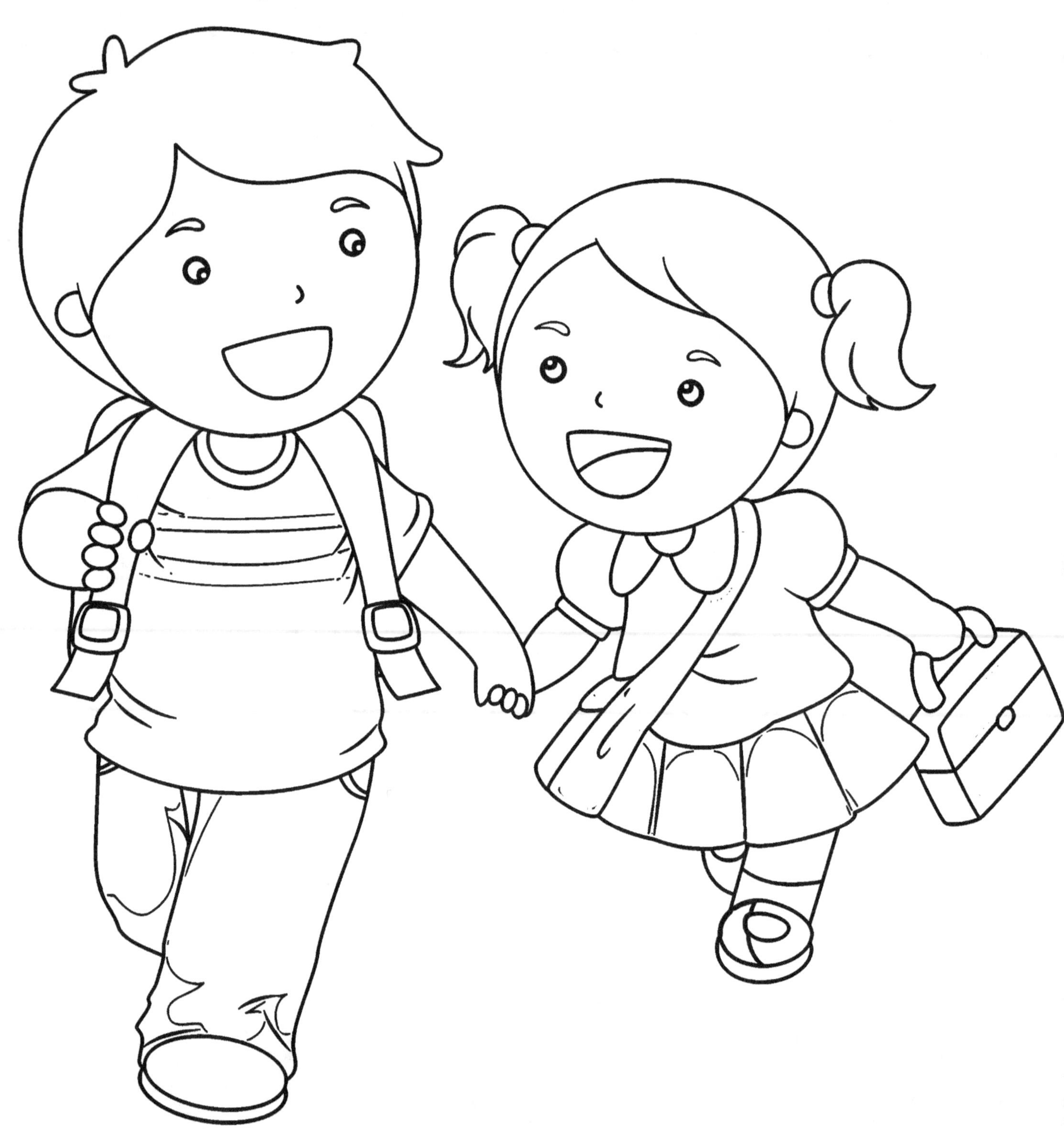

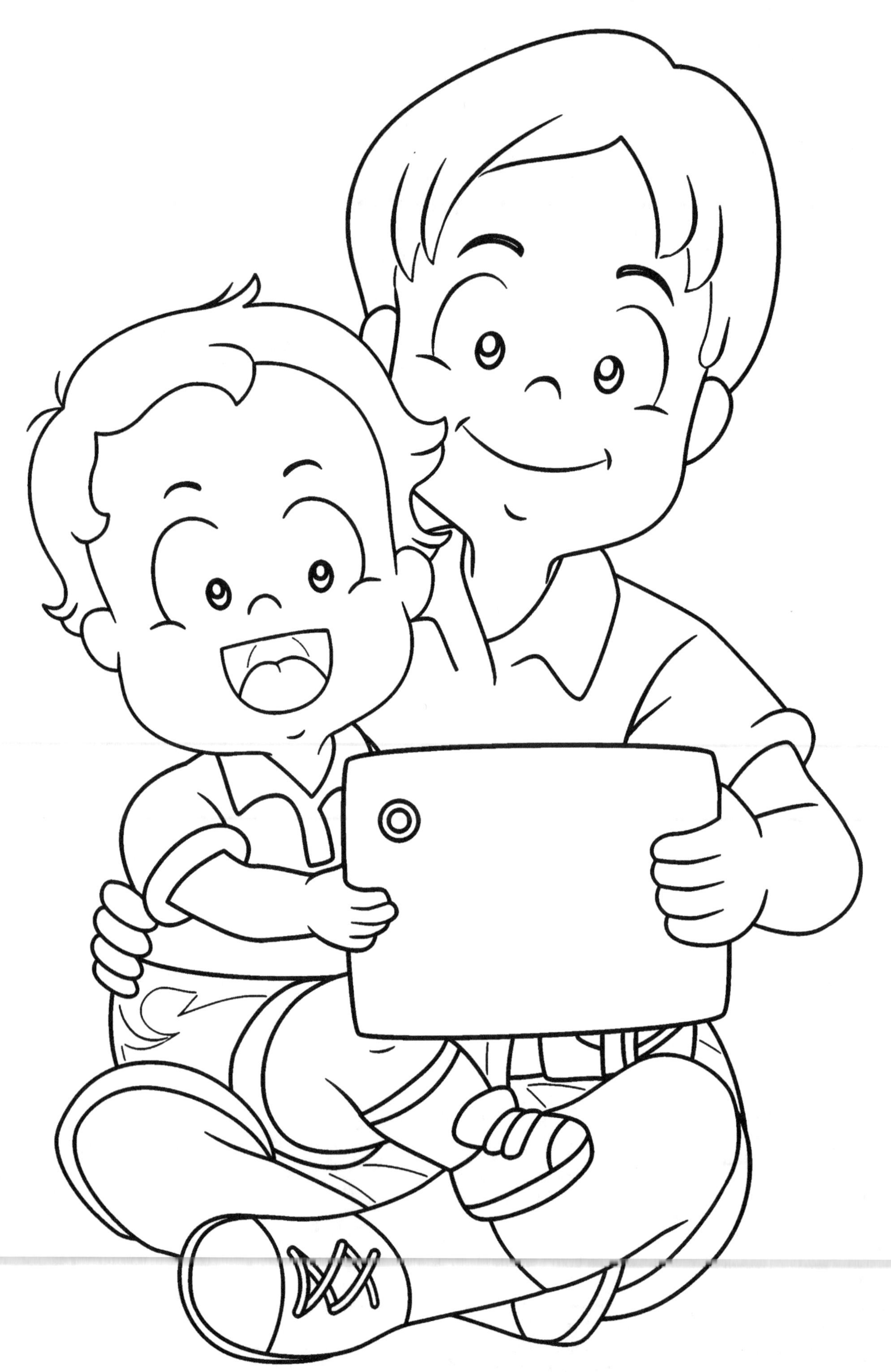

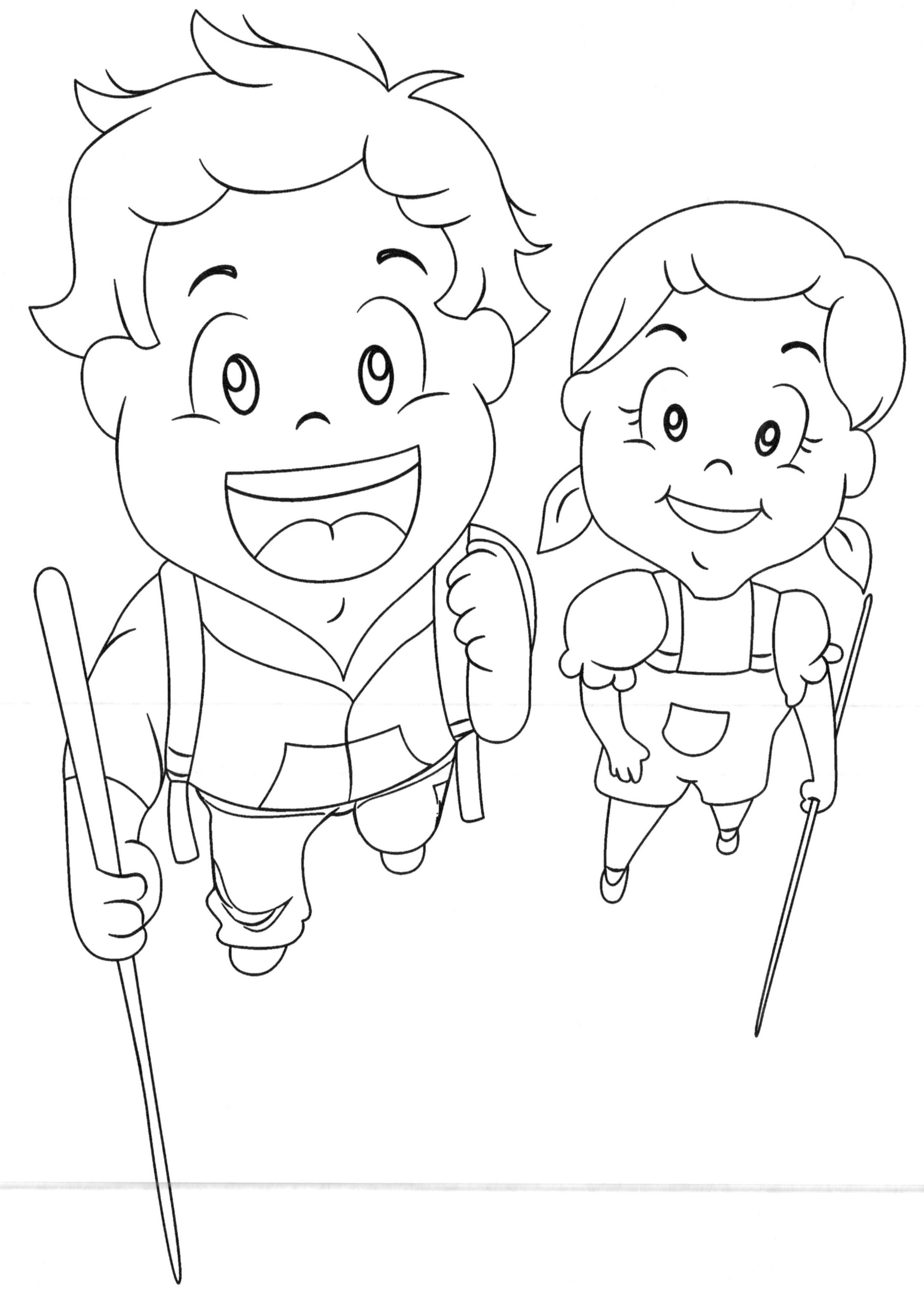

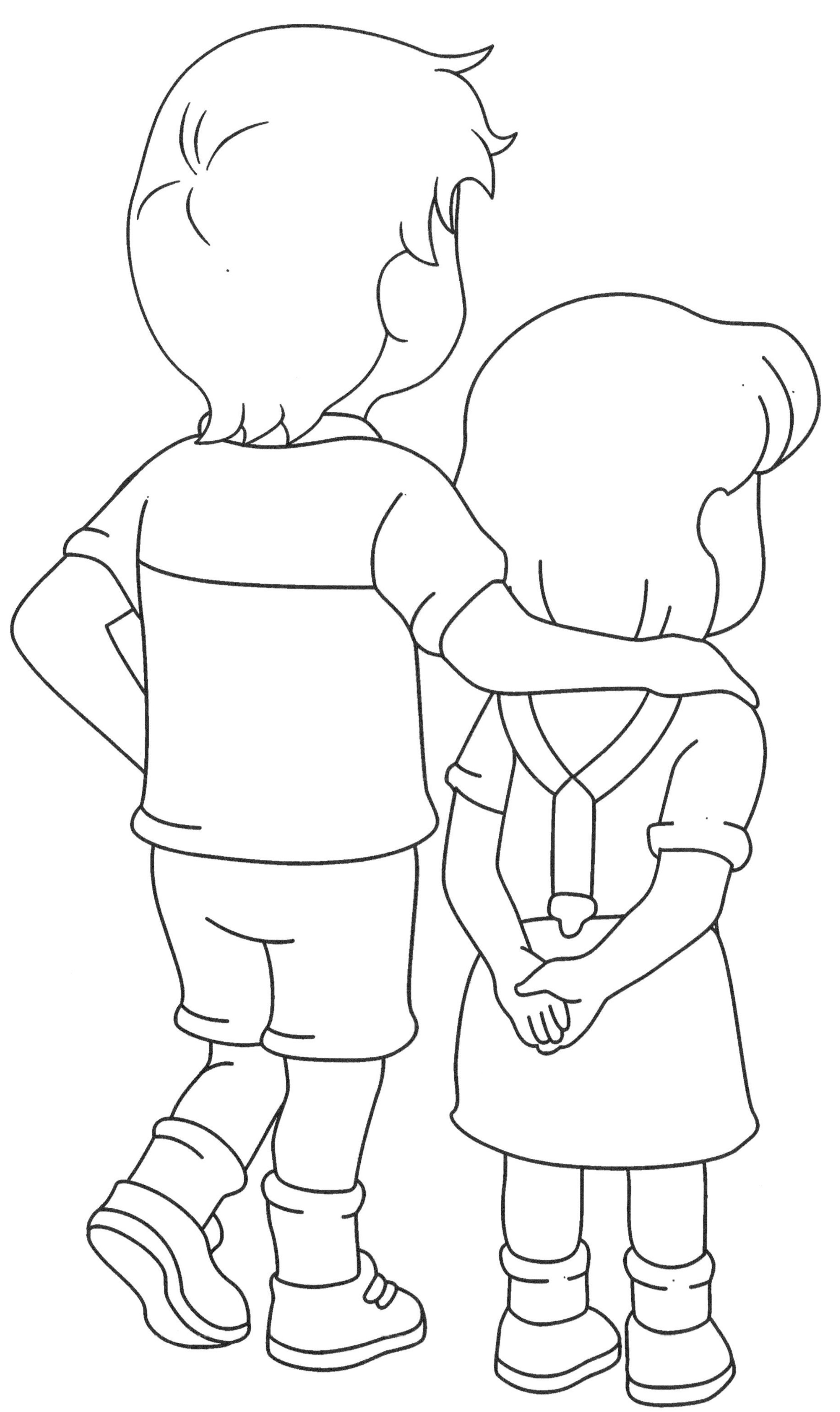

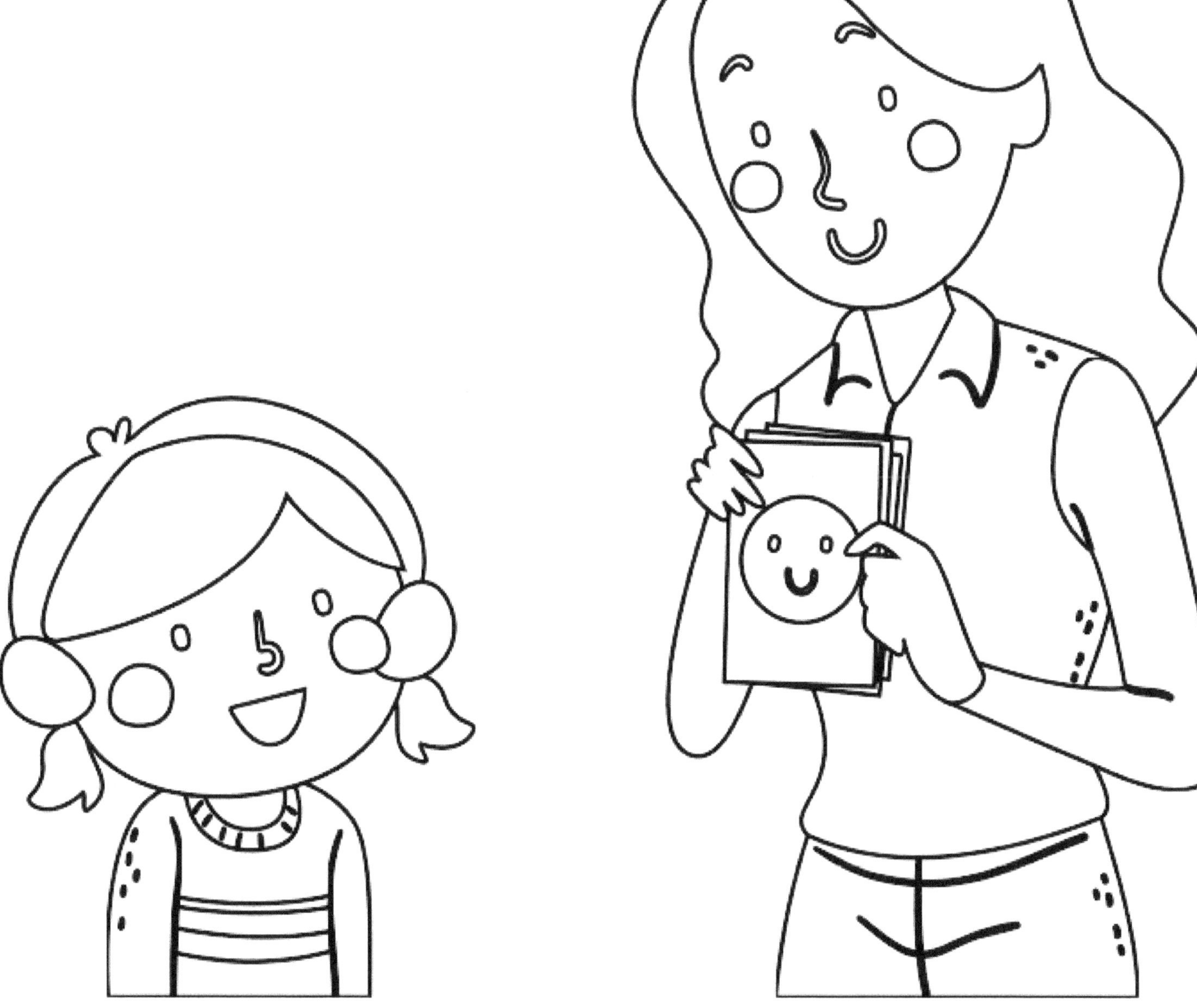

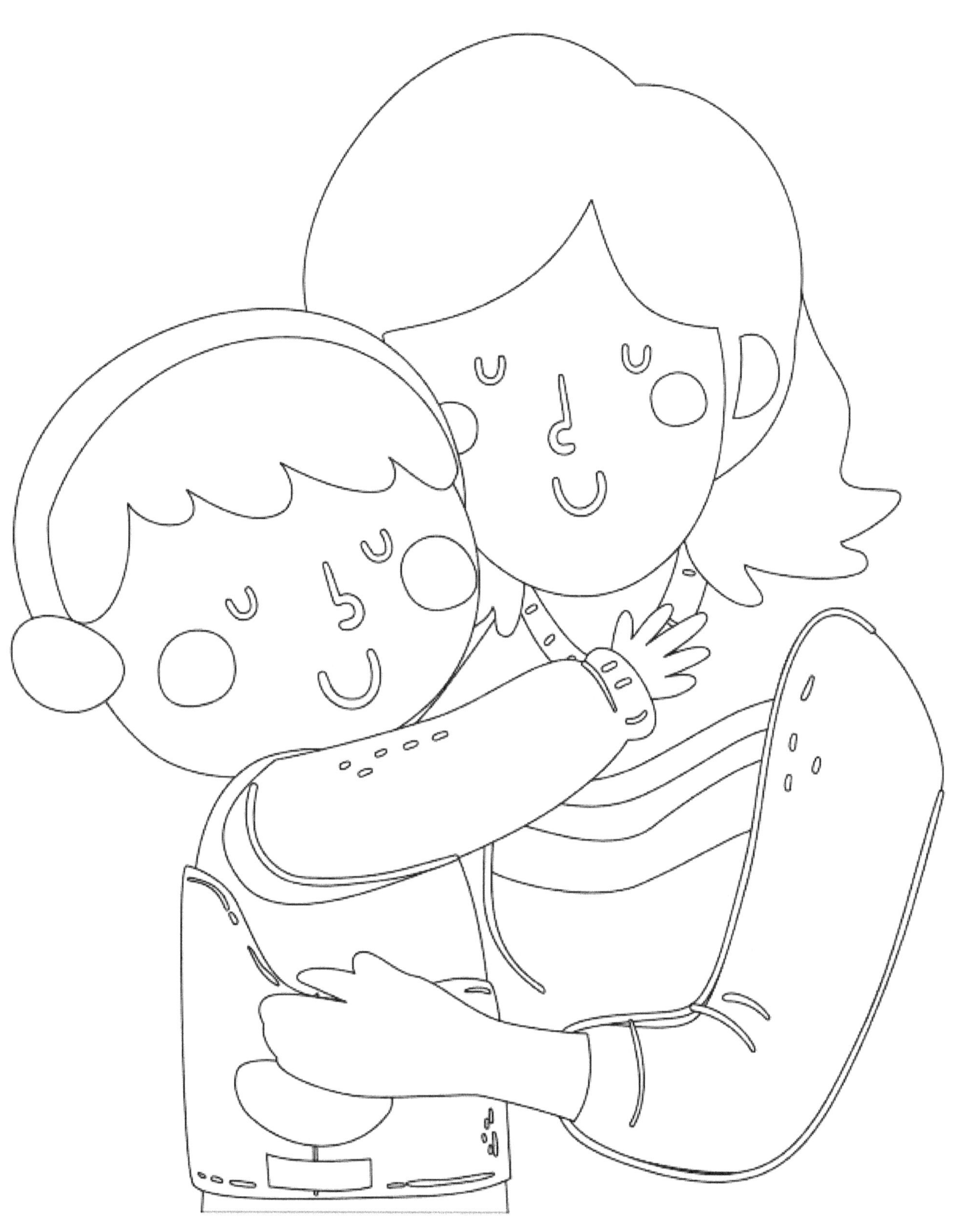

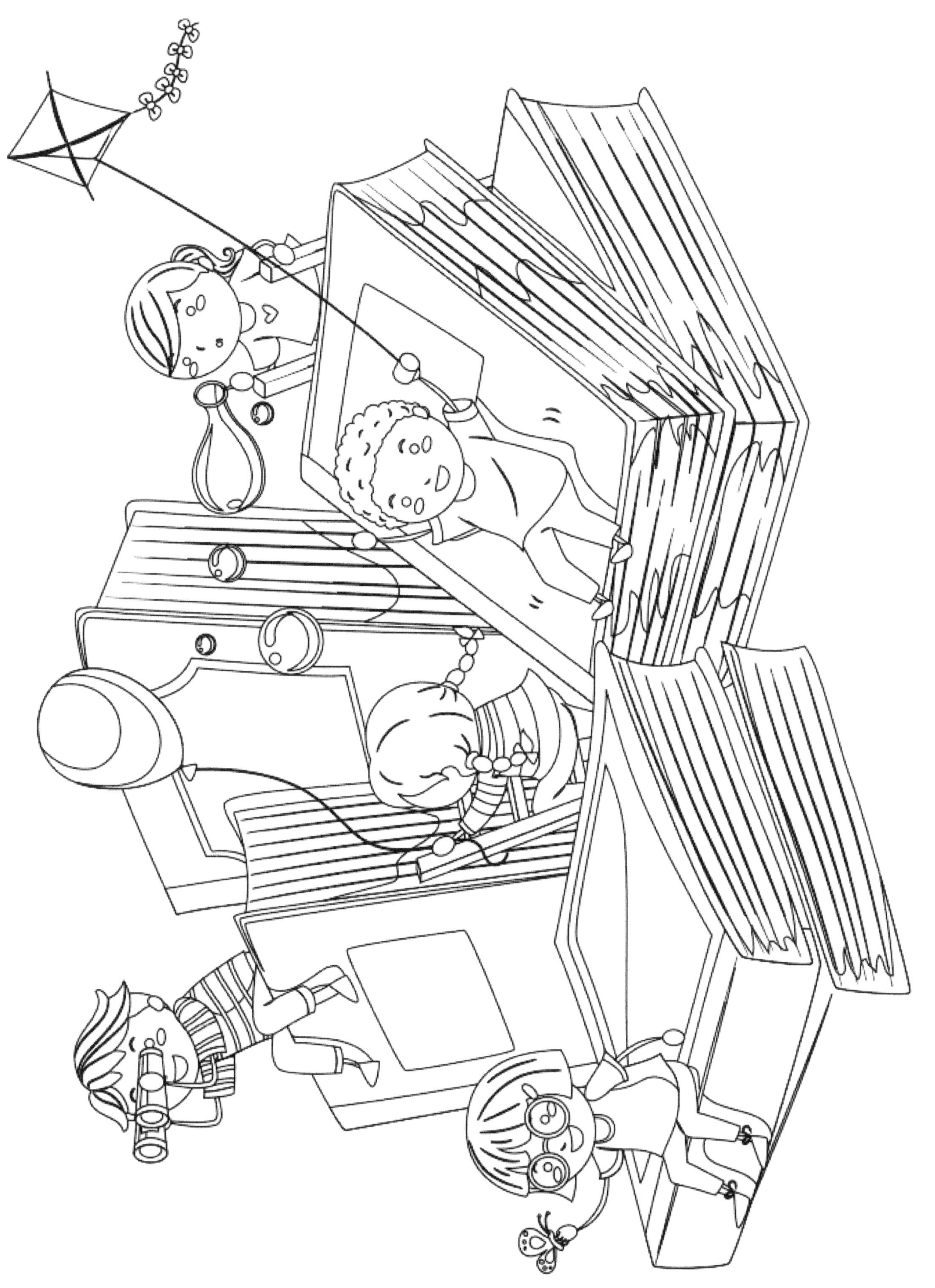

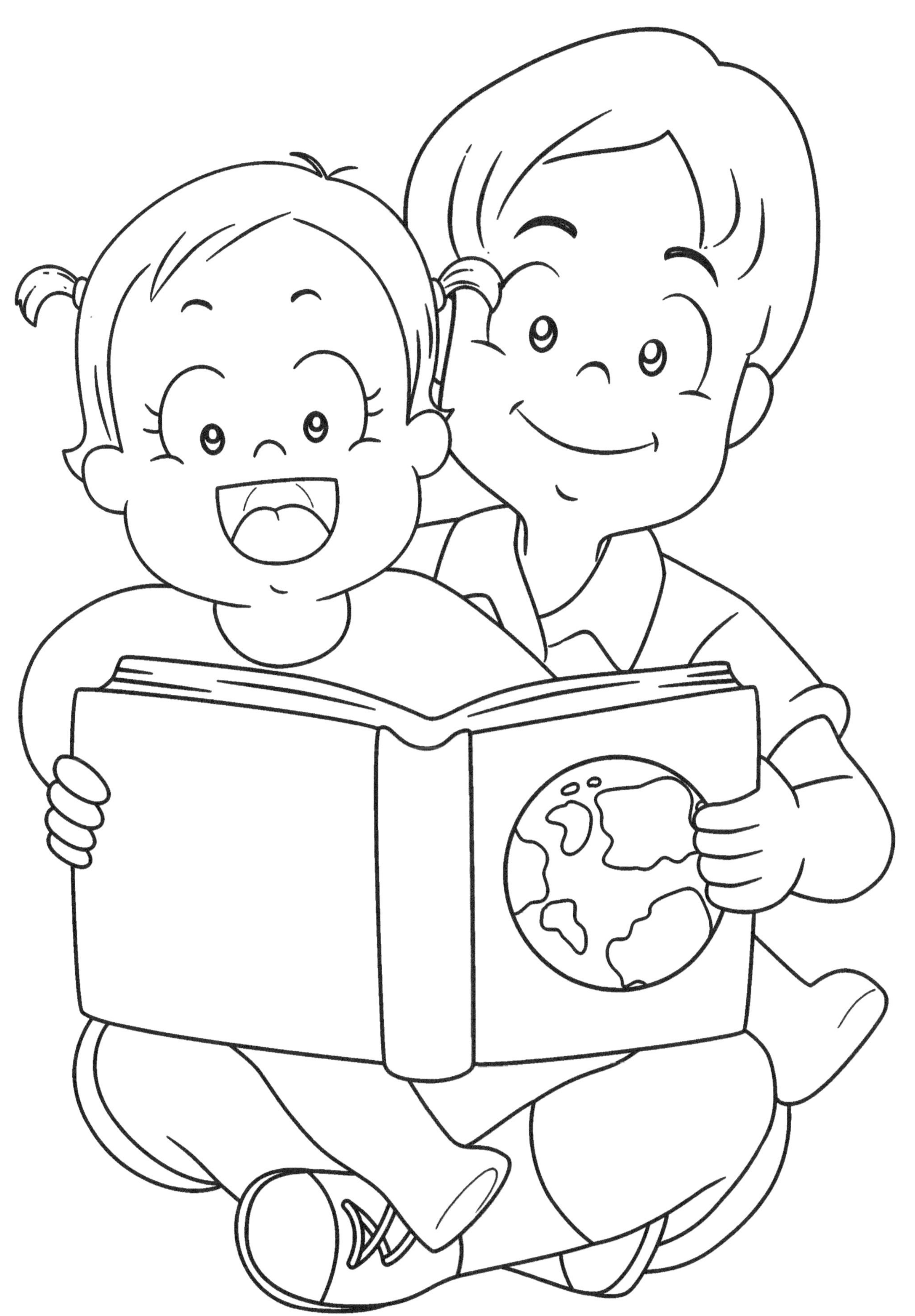

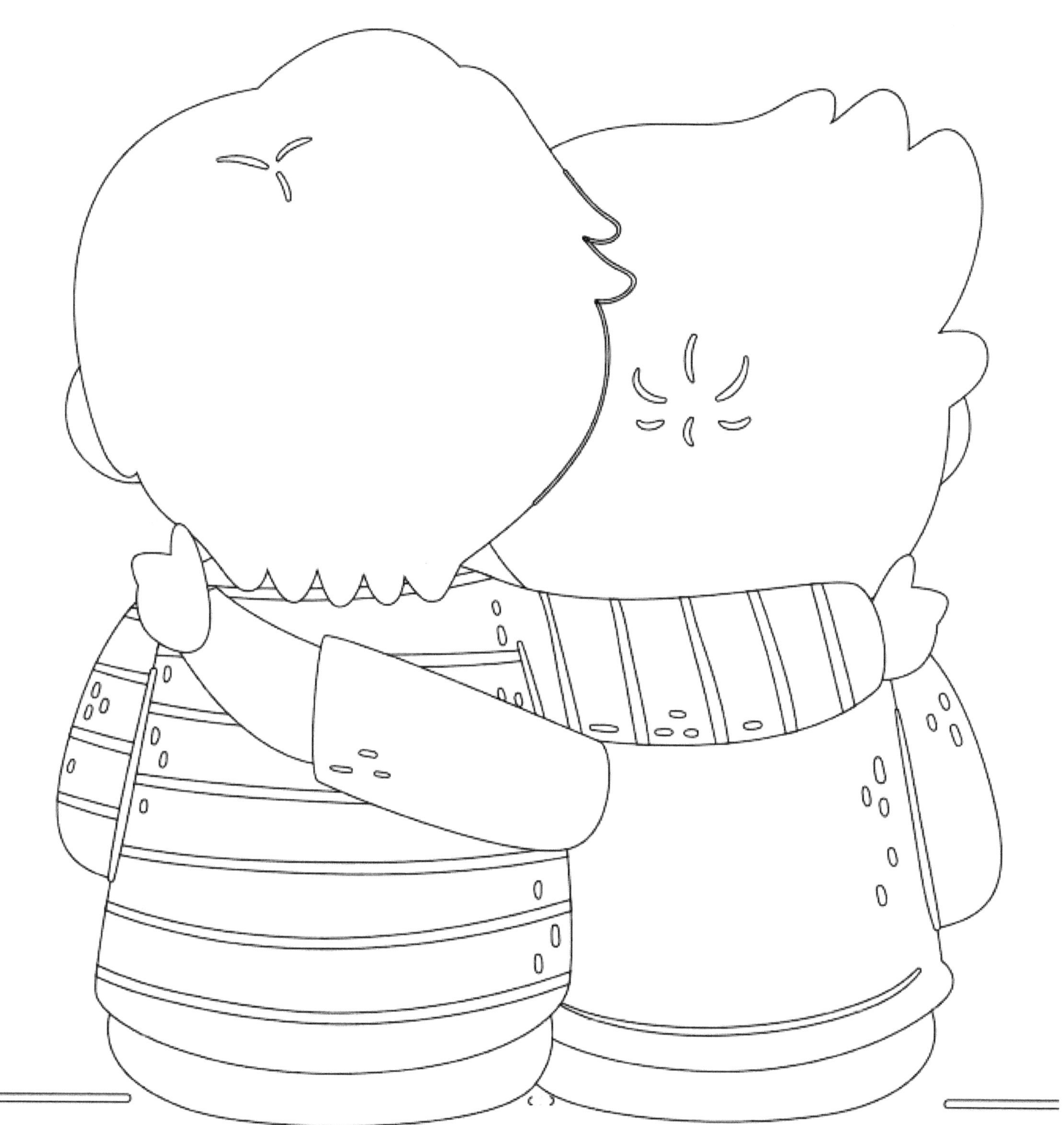

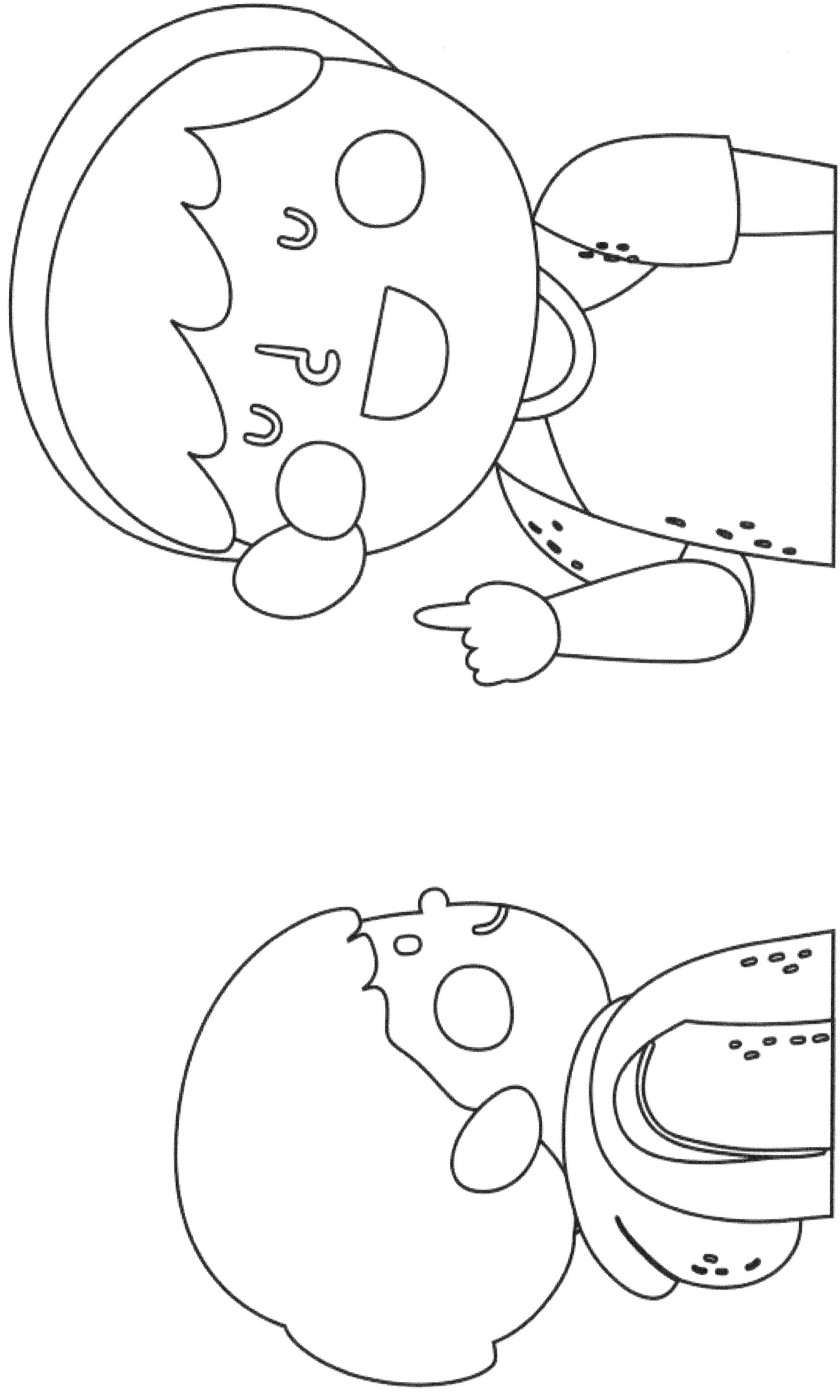

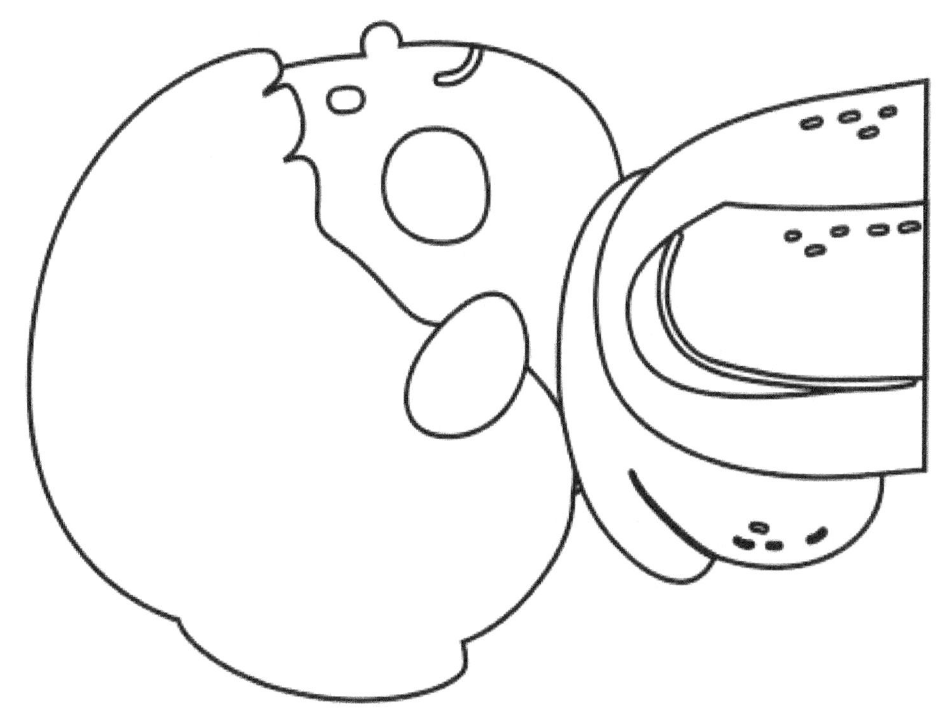